Vater unser im Himmel,
geheiligt werde dein Name.
Dein Reich komme, dein Wille geschehe,
wie im Himmel, so auf Erden.
Unser tägliches Brot gib uns heute.
Und vergib uns unsere Schuld,
wie auch wir vergeben unseren Schuldigern.
Und führe uns nicht in Versuchung,
sondern erlöse uns von dem Bösen.
Denn dein ist das Reich und die Kraft
und die Herrlichkeit in Ewigkeit.

Gegrüßet seist du, Maria,
voll der Gnade,
der Herr ist mit dir,
du bist gebenedeit unter den Frauen,
und gebenedeit ist die Frucht
deines Leibes, Jesus.
Heilige Maria, Mutter Gottes,
bitte für uns Sünder
jetzt und in der Stunde unseres Todes.
Amen.

Maria, breit den Mantel aus

Gebete für Kinder
mit Bildern von Lore Hummel

Engelbert Dessart Verlag · München

Heilige Mutter Gottes,
lass mich diesen Tag in
deinem Namen beginnen,
lass mich meine Eltern froh machen
und hilf mir, dass ich nicht streite
mit meinen Freunden.
Lass mich glücklich sein in
deinem Namen.
Ich danke dir – Amen.

Unsern Eingang segne Gott,
unsern Ausgang gleichermaßen.
Segne unser täglich Brot,
segne unser Tun und Lassen.
Segne uns mit sel'gem Sterben
und mach uns zu Himmelserben.

Maria, dich zu lieben
ist allzeit mein Sinn;
dir wurde die Fülle der Gnaden verliehn:
Du Jungfrau, auf dich
hat der Geist sich gesenkt;
du Mutter hast uns den Erlöser geschenkt.

Du Frau aus dem Volke,
von Gott ausersehn,
dem Heiland auf Erden zur Seite zu stehn,
kennst Arbeit und Sorge
ums tägliche Brot,
die Mühsal des Lebens in Armut und Not.

Du Mutter der Gnaden,
o reich uns die Hand
auf all unsern Wegen durchs irdische Land.
Hilf uns, deinen Kindern,
in Not und Gefahr;
mach allen, die suchen, den Sohn offenbar.

Maria, liebste Mutter mein,
o lass mich dir empfohlen sein.

Maria, breit den Mantel aus,
mach Schirm und Schild
für uns daraus,
lass uns darunter sicher stehn,
bis alle Stürm vorübergehn.

Dein Mantel ist so schön und weit,
bedeckt die ganze Christenheit,
bedeckt die ganze weite Welt,
ist aller Zuflucht und Gezelt.

Jungfrau, Mutter Gottes mein!
Lass mich ganz dein Eigen sein:
dein im Leben und im Tod,
dein in Unglück, Angst und Not,

dein in Kreuz und bittrem Leid,
dein für Zeit und Ewigkeit.
Jungfrau, Mutter Gottes mein!
Lass mich ganz dein Eigen sein.

Wo ich gehe, wo ich stehe,
bist du, lieber Gott, bei mir.
Wenn ich dich auch niemals sehe,
weiß ich dennoch, du bist hier.

Maria mit dem Kinde lieb,
uns allen deinen Segen gib.

Maria, Mutter unsres Herrn,
o Himmelspfort, o Meeresstern,
hilf der bedrängten Christenheit
auf ihrem Wege durch die Zeit.

Ein Staunen die Natur erfasst,
dass du den Herrn geboren hast,
den Herrn und Schöpfer aller Welt,
der dich erschaffen und erwählt.

So trat der Engel bei dir ein:
„Gegrüßet seist du, Jungfrau rein."
„Ave Maria", singen wir,
„sei benedeit, Gott ist mit dir."

Maria, sei gegrüßt
mit deinem lieben Sohn,
den du empfangen hast,
vom Vater auserwählt
und mit dem Geist vermählt.
Bitt Gott für uns, Maria!

Maria, sei gegrüßt
mit deinem lieben Sohn,
den du geboren hast
in einem armen Stall
zum Heil der Menschen all.

Heiliger
Schutzengel mein,
lass mich dir empfohlen sein,
dass mein Herz von Sünden frei
allzeit Gott gefällig sei.

Bevor ich mich zur Ruh begeb,
ich Händ und Herz zu Gott erheb
und sage Dank für jede Gab,
die ich von ihm empfangen hab.

Und hab ich heut beleidigt dich,
verzeih mir, Gott, ich bitte dich!

Ausgabe nach der neuen Rechtschreibung

Die Deutsche Bibliothek – CIP-Einheitsaufnahme

Maria, breit den Mantel aus:
Kindergebete / Lore Hummel. –
München : Dessart, 1997
ISBN 3-89050-397-7